LE HASARD

UNE APPROCHE
MATHÉMATIQUE

图文小百科

偶 然 性

[法]伊法尔·埃克朗　编

[法]艾蒂安·勒克罗阿尔　绘

顾晨　译

九 州 出 版 社
JIUZHOUPRESS

图书在版编目（CIP）数据

图文小百科：偶然性 / (法) 伊法尔·埃克朗编；
(法) 艾蒂安·勒克罗阿尔绘；顾晨译. -- 北京：九州
出版社, 2022.12

ISBN 978-7-5225-1238-9

Ⅰ.①图… Ⅱ.①伊… ②艾… ③顾… Ⅲ.①概率—
普及读物 Ⅳ.①B971-61

中国版本图书馆CIP数据核字(2022)第189383号

La petite Bédèthèque des Savoirs 6 – Le hasard
© ÉDITIONS DU LOMBARD (DARGAUD-LOMBARD S.A.) 2016, by Ekeland, Lécroart
www.lelombard.com
All rights reserved.

本作品简体中文版由 欧漫达高文化传媒（上海）有限公司 DARGAUD GROUPE (SHANGHAI) CO., LTD. 授权出版

著作权合同登记号：图字01-2023-4684

图文小百科：偶然性

作　　者	［法］伊法尔·埃克朗 编　［法］艾蒂安·勒克罗阿尔 绘　顾　晨 译
责任编辑	周　春
封面设计	墨白空间·曾艺豪
出版发行	九州出版社
地　　址	北京市西城区阜外大街甲35号（100037）
发行电话	（010）68992190/3/5/6
网　　址	www.jiuzhoupress.com
印　　刷	河北中科印刷科技发展有限公司
开　　本	880毫米×1230毫米　32开
印　　张	2.5
字　　数	25千字
版　　次	2022年12月第1版
印　　次	2023年12月第1次印刷
书　　号	ISBN 978-7-5225-1238-9
定　　价	48.00元（精装）

序　言

这些数学家，真是爱戏弄人……

　　像伊法尔·埃克朗[1]这样的数学家，也就是那些学院派出身、从事研究或者教学的真正的数学家，坚持着他们特有的严格的论证步骤，在科学家的世界中显得有些与众不同。关于这一点，有一个数学家们经常会讲的笑话。2010 年菲尔兹奖[2]得主赛德里克·维拉尼[3]就几乎不放过任何一个讲此笑话的机会。故事发生在一列穿越苏格兰平原的火车上，人物包括一个工程师、一个物理学家和一个数学家，他们三人一起去爱丁堡参加学术研讨会。旅程中，他们漫不经心地看向车窗，窗外的风景在他们眼前掠过，突然他们发现一只黑色的绵羊。工程师顿时兴奋起来，对他的同伴们呼喊道："啊！你们看到了吗？在苏格兰这里，羊都是黑色的！"物理学家纠正道："唔……你大概是想说有些苏格兰的羊是黑色的吧。"这时数学家也加入了，但他一开口就终结了对话："你们别太激动了，我亲爱的同事们。我们只知道，在苏格兰至少有一只羊，而且这只羊至少有一面是黑色的……"

奥拉夫二世的传说

　　我们亲爱的数学家伊法尔·埃克朗也很喜欢讲故事，他骨子里就是一位传播知识的摆渡人（他的作品曾于 1984 年获得了让·洛斯坦文学奖[4]）。他于 20 世纪 90 年代初出版的有关本书主题的作品《冥冥之中》[5]就以一个美丽的中世纪文学故事作为开头：奥拉夫二世的传说[6]。埃克朗引用这个 12 世纪的古老而神秘的故事，并不是因为他偏爱让他回忆起童年时光的斯堪的纳维亚文学。他会对这个故事感兴趣也不是出于偶然。当然不是。如果说我们的数学家欣赏挪威国王奥拉夫二世这个人物，那首先是因为传说这位国王是一个罕见的懂得如何掌控偶然的人。好几份资料和证据都表明，奥拉夫二世国王能够按照自己的心意掷骰子。有人坚信他具有一种天赋的超能力，可以让他按照自己的意愿灵巧地掷出骰子，并且每一次都能够提前知道骰子的哪一面朝上。也有人说，这个能力既不神奇也不是什么天赋异禀，不过是熟能生巧的结果。当然了，还有人不屑地认为那是因为作弊。然而不可否认的是，奥拉夫二世确实以擅长掌控偶然而闻名，甚至有些人还认为这项能力给他和他的国民带来了很多好处。埃克朗在他的作品开头大概讲述的就是这段故事："希辛延岛上有一座城市，在历史上曾经一段时期属于挪威，一段时期属于瑞典。两个国家的国王约定通过掷骰子的方式来决定这座城市的命运：谁掷的点数加起来更多，谁就获胜。瑞典国王掷出了两个六，他认为挪威国王奥拉夫二世不需要再掷了。但奥拉夫二世一边拿起骰子在手里晃，一边回答道：剩下的骰子里还有两个六，我们万能的主还是很可能再让它们被掷出来的。他说完这句话就松开了手，果然掷出了两个六。接着瑞典国王又掷，还是两个六。然后奥拉夫二世再掷，一个骰子掷出了六，而另一个裂成了两半，正好组成一个七。于是奥拉夫二世赢得了这座城市。"[7]

　　埃克朗通过这个故事告诉我们，人类自古以来就对偶然这个现象十分着迷，而掷骰子的游戏就是偶然性发挥作用的一个典型例子。要知道，法语中表示"偶然"的词 hasard 在词源上其实来自阿拉伯语的"骰子"。这到头来是一个很有趣的悖论，因为物理学教导我们，骰子的运动轨迹其实是完全确定的：如果可以事先精确地掌握一颗骰子的结构、位置、它所处的环境和它被投掷时所受的力，那么我们就可以准确地预测投掷的结果。也许下面的理由可以从某种程度上解释人们为什么对这种赌博类的游戏始终如此痴迷：这样的游戏让我们觉得可以驯服偶然。其实，赌博是一种设定了边界和规则的游戏，将偶然性局限在预设的封闭空间里。像奥拉夫二世的传说那样，当偶然性跨越了预设的边界，它就会回到了原始的状态中，而这样的例外才始终是最让人着迷的。

但是，说到底，偶然确实存在吗？

就像物理学家对物质没有一个统一的定义，或者是像生物学家对生命没有一个达成一致的定义那样，数学家也没有办法对偶然给出一个让所有人都满意的定义。受到最广泛认可的定义应该是安托万·奥古斯丁·库尔诺提出的，他将偶然定义为两组无关联的原因的相遇。他认为偶然就是两个独立事件的相遇，理论上它们是没有理由相交错的。为了解释这个想法，库尔诺给出了一个至今都十分有名的例子。这又是一个与火车有关的故事："巴黎的一个小资青年突然想去乡村体验一下生活，于是乘上一列火车去往这个度假目的地。火车不幸发生了事故，这个可怜的乘客成了受害者。他是一个意外的受害者，因为导致火车发生事故的原因与这位乘客是否乘坐这趟列车本身并无关联：假设这位乘客因为受到了别的影响或者因为他的生活中有了别的变化，而选择去另一个目的地或者乘坐另一趟火车，导致这列火车遭遇事故的原因还是会发生。"[8]

库尔诺对于偶然的解读既是概率论的也是唯灵论的。这并非他原创的解读，很多人对此所见略同。早在 1792 年，博马舍[9] 就曾让他笔下的费加罗说出这样的台词："偶然！你是被人们忽视了的神灵！古人将你称作命运！我们现在给你取了另一个名字……"[10] 这个概念在 1845 年被戈蒂埃[11] 重新引用："偶然，可能是上帝不愿意签名时用的一个假名。"[12] 爱因斯坦也很喜欢这个说法，他曾经戏谑地写道："偶然，是上帝微服出巡！"库尔诺自己也曾经解释道："一个人由两组不同的祖先构成，一边来自父亲，一边来自母亲。"[13] 而这种"由独立事件相遇或组合而形成的事件，在因果关系的秩序里，就成为了我们所说的意外事件或者偶然的结果。"[14] 确实如此，就像艾蒂安·勒克罗阿尔在这本漫画的开篇用图像向您展现的那样。

达维德·范德默伦

比利时漫画家，《图文小百科》系列主编

注　释

1　伊法尔·埃克朗（Ivar Ekeland，1944—　　），挪威裔法国数学家，对非线性泛函分析、变分法、混沌理论和数理经济学等领域有深入研究，出版了极具影响力的理论研究著作和科普书籍。

2　菲尔兹奖（Fields Medal）是一个在国际数学联盟的国际数学家大会上颁发的奖项。每四年评选 2—4 名有卓越贡献且年龄不超过 40 岁的数学家。

3　赛德里克·维拉尼（Cédric Villani，1973—　　），法国数学家，同时也是一位政治家。

4　让·洛斯坦文学奖（Prix Jean Rostand）是法国重要的科学文学奖，由法国科学作家协会于 1978 年设立，命名源自法国著名的生物学家和作家让·洛斯坦。奖项致力于奖励以法语写作的、以普及科学知识为目的的文学作品，每年评选一次。

5　伊法尔·埃克朗，《冥冥之中》（*Au hasard*），界限（Le Seuil）出版社，1991 年。——原书注

6　同上。第 16 页。我们的数学家称这个传说的手稿已经不幸遗失了，是作家博尔赫斯本人向他提供了一份梵蒂冈档案的副本！——原书注

7　同上。第 13 页。——原书注

8　安托万-奥古斯丁·库尔诺（Antoine-Augustin Cournot，1801—1877），《论知识基础与哲学批评》（*Essai sur les fondements de nos connaissances et sur les caractères de la critique philosophique*），第 38 页，哈切特（Hachette）出版社，1912 年。——原书注

9　皮埃尔-奥古斯坦·卡隆·德·博马舍（Pierre-Augustin Caron de Beaumarchais，1732—1799），法国戏剧家，1772 年完成了以费加罗为主人公的第一部戏剧《塞维利亚的理发师》；1778 年完成了《费加罗的婚礼》，于 1784 年在法兰西剧院首次公演，取得惊人成功；1792 年完成了《费加罗三部曲》的最后一部《有罪的母亲》。

10　皮埃尔-奥古斯坦·卡隆·德·博马舍，《有罪的母亲》（*La mère coupable*），第二幕末，第十场。——原书注

11　皮埃尔·儒尔·特奥菲尔·戈蒂埃（Pierre Jules Théophile Gautier，1811—1872），法国 19 世纪重要的诗人、小说家、戏剧家和文艺批评家。

12　《贝尔尼十字架：障碍赛小说》（*La croix de Berny : roman steeple-chase*），戴尔芬·德·吉拉丁、特奥菲尔·戈蒂埃、儒勒·桑多和约瑟夫·梅伊的书信体小说集，第 38 页，新书店（La Librairie Nouvelle）出版社，1845 年。——原书注

13　安托万-奥古斯丁·库尔诺，《机会和概率理论分析》（*Exposition de la théorie des chances et des probabilités*），第 54 页，《库尔诺作品全集》（*Œuvres complètes*），第一卷，1984 年。——原书注

14　同上。第 58 页。——原书注

一本书的诞生，
常常被视为这样一个过程：
从一个点子开始萌芽，
生长，开枝，散叶，结果……

但它其实也可以是这个样子的：

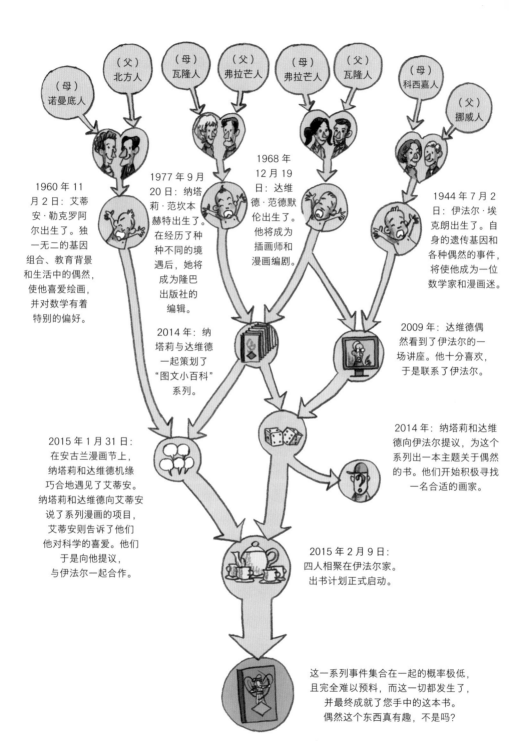

（母）
诺曼底人

（父）
北方人

（母）
瓦隆人

（父）
弗拉芒人

（母）
弗拉芒人

（父）
瓦隆人

（母）
科西嘉人

（父）
挪威人

1960 年 11 月 2 日：艾蒂安·勒克罗阿尔出生了。独一无二的基因组合、教育背景和生活中的偶然，使他喜爱绘画，并对数学有着特别的偏好。

1977 年 9 月 20 日：纳塔莉·范坎本赫特出生了。在经历了种种不同的境遇后，她将成为隆巴出版社的编辑。

1968 年 12 月 19 日：达维德·范德默伦出生了。他将成为插画师和漫画编剧。

1944 年 7 月 2 日：伊法尔·埃克朗出生了。自身的遗传基因和各种偶然的事件，将使他成为一位数学家和漫画迷。

2009 年：达维德偶然看到了伊法尔的一场讲座。他十分喜欢，于是联系了伊法尔。

2014 年：纳塔莉与达维德一起策划了"图文小百科"系列。

2014 年：纳塔莉和达维德向伊法尔提议，为这个系列出一本主题关于偶然的书。他们开始积极寻找一名合适的画家。

2015 年 1 月 31 日：在安古兰漫画节上，纳塔莉和达维德机缘巧合地遇见了艾蒂安。纳塔莉和达维德向艾蒂安说了系列漫画的项目，艾蒂安则告诉了他们他对科学的喜爱。他们于是向他提议，与伊法尔一起合作。

2015 年 2 月 9 日：四人相聚在伊法尔家。出书计划正式启动。

这一系列事件集合在一起的概率极低，且完全难以预料，而这一切都发生了，并最终成就了您手中的这本书。偶然这个东西真有趣，不是吗？

比如说，在必须决定谁被吃掉的时候，可以用抽签决定。

因为没有人愿意承担做选择的责任。

朋友们，命运已经做出了选择：B 会被吃掉。

呼！我们就不能投票决定吗？

古希腊人用抽签的方法选定法官。他们不相信偶然。他们认为总有一个人会做决定。如果不是我们人类，那就只能是神明。

同胞们，神已经做出了选择：B 当选！

一个女人？原来神喜欢科幻。

注意了，这样的结果并不一定会比我们现有的结果更坏。

然而，也有可能被偶然选中的人不是我想要的那个……

无论如何，参选人不会做没完没了的竞选宣传。

那样我们就可以摆脱这种无聊的竞选晚会了。

我发誓我会付出一切努力，让这个国家再次选择我。

啊，对了！你知道在 13 世纪的时候，威尼斯人发明了一套偶然和选举相结合的混合制度吗？

他们真的认为上帝决定一切吗？

哎！我们可没那么简单粗暴。

对于我们来说，对于你们来说也一样，偶然，是做出一个决定，而不知道做决定的人是谁。

我们选总督时，首先从 2000 个元老院议员中选出 41 个人，组成选举委员会，然后由委员会选举总督。问题是如何组成选举委员会。

元老院都是一群懒人！总是穿着睡衣，办事拖拉。

这个容易！你们开放报名，然后投票选举。

不行，因为如果元老院存在一个多数党派，选出的 41 个人可能全都是他们一派的。

我们想避免这种多数人的专制。

选举是给傻子下的套！

那么，干脆抽签决定 41 个人好了。

也不行。因为这样有可能会选出不合适的人。

去你的！*

不要上帝！也不要总督！

也可能选出来不那么英明的人。

命运选择了你，凯撒·毕撒。

不！我不想被吃掉！

元老院议员的头衔在我们这里是世袭制的。

这种制度本身就已经很随机了。

那么，你们是怎么选择委员会成员的呢？

---

* 原文为意大利语。

16

你们的抽签是个什么流程?

我们用一种被称为 ballote 的空心小球，里面可以塞一张纸。

其中一些纸上，写着"选民"。

选民

"决选投票（ballotage）"* 这个术语就是这么来的。

然后，我们在路上随便找一个不知情的小孩，让他去散发这些小球。

搞什么啊，这群穿着睡袍的小丑。

这个方法延续了多长时间?

5个世纪! 直到拿破仑夺取了政权。

从现在开始，抽签决定谁能成为国王，候选人只有我一个。

现在人们不再这样做了?

不在政治上，而是在体育上。

什么?! 他们原来就是这样选举国际足联主席的啊?! 哈，真棒!

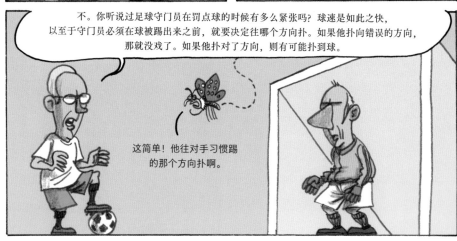

不。你听说过足球守门员在罚点球的时候有多么紧张吗? 球速是如此之快，以至于守门员必须在球被踢出来之前，就要决定往哪个方向扑。如果他扑向错误的方向，那就没戏了。如果他扑对了方向，则有可能扑到球。

这简单! 他往对手习惯踢的那个方向扑啊。

* 决选投票，指第一轮投票时无一候选人选票过半数的情况。

18

哎呀！不好意思！

呵呵！真是好车（策）略！我就资（知）道你要仿（往）中间踢！你缩（说）一大堆他要踢左踢踢的故事，就是想误导我。我看粗（出）来了！

其思（实），这就像玩斯（石）头剪刀布一样：不可以有规律。

就是这样！唯一的规律，就是不可以有规律。

最理想的情况是，守门员随机选择方向。这样就连他自己也不知道他要怎么做。他变得完全无法预测。球员也是一样。

轮到伊夫·勒范德维尔来罚球……

啊！……守门员要求暂停比赛……他要抛硬币来做决定……令人紧张的悬念！

这对比赛来说不一定合适。

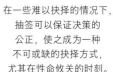

在一些难以抉择的情况下，抽签可以保证决策的公正，使之成为一种不可或缺的抉择方式，尤其在性命攸关的时刻。

即使在今天，陪审团成员也是由抽签决定的。

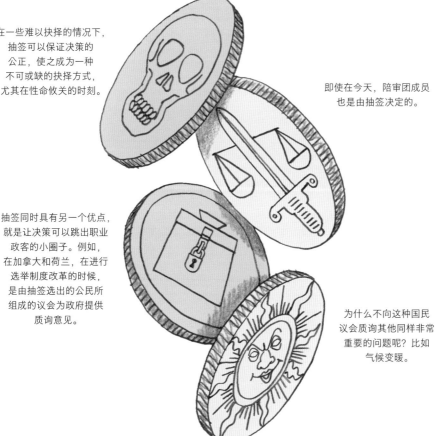

抽签同时具有另一个优点，就是让决策可以跳出职业政客的小圈子。例如，在加拿大和荷兰，在进行选举制度改革的时候，是由抽签选出的公民所组成的议会为政府提供质询意见。

为什么不向这种国民议会质询其他同样非常重要的问题呢？比如气候变暖。

但是，怎么样抽签才是对的？当我扔出一枚硬币，或者随机按下一个按钮，偶然是什么时候介入的？

为了回答这个问题，我们必须聊一下"混沌"的概念。别走开，我去找一些资料。

在他找资料的时间，让我来给你们解释一下！跟我来！

* 出自欧洲中世纪的预言诗《只因少了一颗钉》，警示微小的失误可能带来巨大的后患。

少了情报，失了胜仗。少了胜仗，失了王国。这全因少了马蹄铁钉。

混沌理论说的是，我们忽略的微小因素，小到如蝴蝶扇动翅膀，也可能产生像龙卷风一样严重的后果。

这就是我的意思啊！

然而，事情并不总是这样，有时后果需要花点时间才会显现，或者会受到其他相反因素的影响而被抵消，比如另一只蝴蝶也扇动了翅膀。

有人叫我？

嘿！别来和我唱反调！

这个理论可不是新鲜事物了。如果埃及艳后的鼻子再短一点的话……*

是啊，如果埃及艳后的鼻子再短一点的话……

这个世界的面貌也不会变得更糟糕。

甚至有个电影就是专门讲这个的。你记得伍迪·艾伦的《赛末点》吗？

对，在网球赛上，球落在了网上，并垂直地向上弹去，谁也不知道球会落在哪一边。

只要我轻轻扇动一下翅膀，就可以改变球落下的轨迹，让它落向这边或另一边，从而决定比赛的输赢。

你真自负！

哈，是吗?!

嘣！

*出自法国著名物理学家、数学家帕斯卡所著的《思想录》："如果埃及艳后的鼻子再短一点的话，整个世界的面貌可能都会变得不一样了。"布莱兹·帕斯卡（Blaise Pascal，1623—1662），法国神学家、哲学家、数学家、物理学家、化学家、音乐家、教育家、气象学家。

我相信通过练习，我可以做到那么精准。

别忘了真正的玩家会采取预防措施，他们都使用一个杯子。

是，但其实不需要每一次都用完全一样的手法。只要差不太多就行了。

当然不行！混沌理论说的就是这个。

有人叫我吗？

哎！你别来妨碍我！

你看，骰子每弹一下，差距就会呈倍数增加，我们先按照两倍算。

如果手的位置移动 1 毫米，那么骰子在弹第一下的时候，位置就会移动 2 毫米……

第二下的时候，4 毫米……

第十下的时候，就是 1024 毫米。

1024 毫米，已经超过 1 米了。

也就是说，你完全无法预计，骰子最终会哪一面朝上。

混沌理论之父是法国数学家亨利·庞加莱（Henri Poincaré，1854—1912）。他是历史上第一位试图证明人类无法知晓天体的准确运行位置和速度的科学家，并因此得出人类无法预测数百万年之后天体的运行情况。

可惜在庞加莱的时代，电脑尚不存在，因此，当时没有任何有效的方法可以证明他的理论，它仅在一个专家的小圈子内受到认可。直到 1950 年，情况开始发生改变。

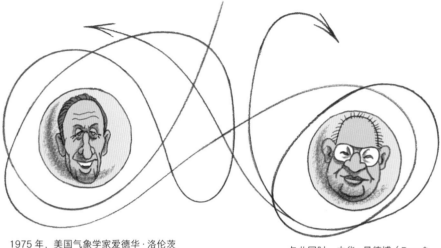

1975 年，美国气象学家爱德华·洛伦茨（Edward Lorenz，1917—2008）做了一场演讲，题为"一只蝴蝶在巴西扇动翅膀会在德克萨斯引起龙卷风吗？"，从而奠定了"蝴蝶效应"理论。

与此同时，本华·曼德博（Benoît Mandelbrot，1924—2010）系统地对混沌进行了研究，得到了一系列令人惊艳的图像，他将它们命名为"分形"，从而创立了一门全新的几何学。

我们从偶然聊到了混沌，但我们还没有谈过"概率"。

确实。人们在抽签或者掷骰子之前可从来没有计算过概率。

究竟谁是第一个提出概率的人？

是布莱兹·帕斯卡，1654 年。一起看看吧！

* 安托万·贡博（Antoine Gombaud, 1607—1684），又名梅雷骑士（Chevalier de Méré），法国贵族，小说家。

* 皮斯托尔（pistole），法国古币名。

34

其实帕斯卡是按照对称原理进行思考的。如果两方都一样，就是按照50%：50%来分配。

但是实际情况可能是不对称的：一方会比另一方玩得更好。

那就需要决定怎样分配才合理。这就是你在购买足球彩票或赛马彩票的时候所做的决定。

但是人们的意见很难达成一致吧？一个人觉得巴黎圣日耳曼队会赢，另一个人却觉得会输。

这就是为什么我们把它称作主观概率。

啊？那什么是客观概率？

就是当你可以重复经验的时候。

比如，巴黎圣日耳曼对战皇家马德里争夺欧洲杯时，只有一场比赛。但玩掷骰子游戏的时候，你可以想玩多少局就玩多少局，这样才能看出骰子有没有问题，不是吗？

等一下，你拐弯抹角地想暗示什么？

呃，什么都没有，我保证。

我看出来了！你想把我绕晕，然后就不用还欠我的钱了。

你说什么？

可是咱玩这游戏，不是出于对科学的爱么。

对科学的爱?！是啊！你欠我25欧！

唉！放手呀！

输不起的家伙！

呃……我是说别，你别放手啊!!!

听着，我很愿意付我钱，但我们也要搞清楚，骰子是不是有问题。

你们这场闹剧还没结束吗?！

哦!
这是谁?

福尔图娜,
幸运女神。

啊,好吧,
她来得正好。

我们从来都是
努力解决问题。

停手吧,这太荒唐了!如果
您摔下去了,别人又会说这是我
的错。去搞清楚你们的骰子吧!

那我们该怎么办?

一颗没问题的骰子就是
每一面都正好有 1/6 的概率被掷出。

过来,我们一起来看一下!

我们先从检查这一颗骰子开始。

啊?你换上普通人的衣服了?

是的。我可不想永远扮成
什么贤人智者。

1!

啊!
这颗骰子有问
题,我就知道!

你瞎说什么啊?!

没有啊,我说的是真的!如果这颗骰子没问题,应
该有 1/6 的概率掷出 1,5/6 的概率掷出其他数。也
就是只有小于 20% 的概率可以掷到 1,然而我们却
一下子掷到了 1,说明这里面一定有可疑的地方。
什么?!

得了,你说的这套理论站不住脚。如果是其他任何
一个数,比如 2,您也同样可以拿着您那套理论说
这颗骰子有问题。

真是够鸡贼的!

这都是些什么歪理邪说啊?!一件事情不是因为发生的可能性小于 20%，它就不会发生。

好，那我们现在怎么办？

我要把你拉回窗户那里。

啊，您可别又开始闹了！

无论如何，每一个点数出现的概率总是小于 20%。

我们现在多掷几次骰子，然后看一下 1 出现的次数，与掷骰子的总次数相比较。

好，好。

开始吧！

3！

6！

噗呼！

现在掷几次了？

我记录了，一共掷了 30 次，1 出现了 4 次。

30 次里出现了 4 次，那就是 13.3%。

这个概率本应是 1/6，也就是 16.7%。

哦，那也差得不远。这颗骰子没问题吧。

啊，不对！

为了万无一失，我们应该把这个结果和一颗准确的骰子相比较。看看正常的骰子是不是也会在 30 次里掷出 4 次 1。

那要怎么做呢?!

啊，我有个办法。跟我来！

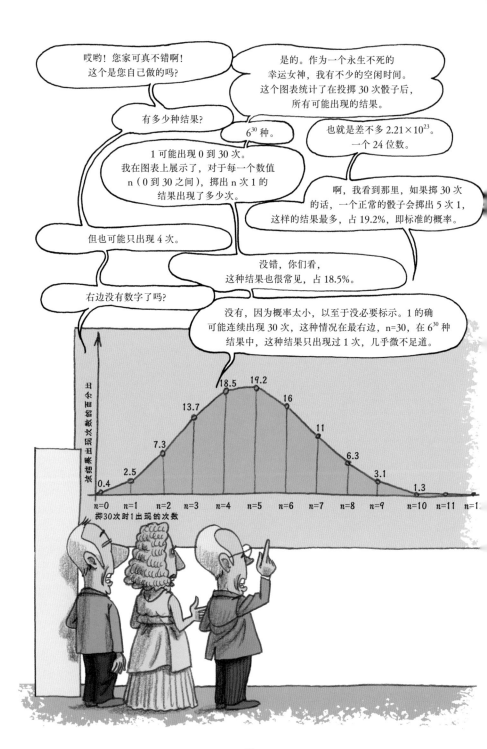

那对于其他结果，我们怎么办？

对于一位女神来说，这就是小菜一碟：我们统计所有 1 出现 n 次的结果，然后除以 6^{30}。比如说最左边的那一点，1 一次都没有出现，所以 n=0，这样的情况下，可以得出的结果就只有 2，3，4，5 或者 6，也就是说每一次掷骰子可能得到五种结果。掷 30 次的话，就会有 5^{30} 个结果，概率就是 $5^{30}/6^{30}$=0.4%。

无论如何，99% 的情况下，1 出现的次数小于 10 次。如果 1 出现 12 次的话，骰子就可能是不准的。

为什么这么说？

因为我认为只有概率足够大的事件才可能发生。

好吧，但什么是足够大？

这得看情况，看是什么样的人、事件有多重要。比如，对于一个核电站的安全问题，99.9% 才足够。

我个人希望小数点以后的 9 无限循环下去。

对于这个骰子，我觉得 99% 就足够了。

也就是说，你觉得如果一个骰子是正常的，在掷 30 次的情况下，1 出现的次数绝对不会超过 10 次。那 1 也可能只出现 4 次啊。

正是如此。

这不足以让我们得出什么结论：概率可能是 1/6，但也不排除其他可能，比如说 1/5 或者 1/7。

某人又想被倒吊起来了……

我有个更好的主意：我们得继续掷骰子。走吧！

你看到这个 30 次投掷的概率图吗？ 5=30×1/6 的地方是一个峰值，但这个峰值不是很显著。这就是我们的问题所在。

中心极限定理就是指，随着投掷次数的逐渐增加，峰值也会变得越来越显著。

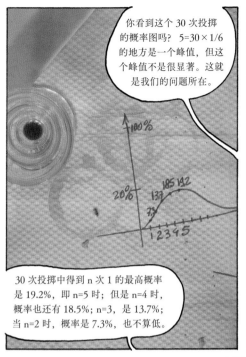

30 次投掷中得到 n 次 1 的最高概率是 19.2%，即 n=5 时；但是 n=4 时，概率也还有 18.5%；n=3，是 13.7%；当 n=2 时，概率是 7.3%，也不算低。

当然，1 出现的次数随着投掷次数的增加而增加，这会使曲线逐渐向右移动。为了纠正这个偏差，最好标注一下比例，也就是说，把结果除以投掷的次数，所有的曲线将会以 1/6 为中心。

这个就是曲线的公式！

这有什么用？

用来制作图表，进行计算。

这就是数学上最美的图形之一：著名的高斯曲线。当投掷次数非常大的时候，曲线将会几乎变成一条介于 0 与 1 之间的直线。

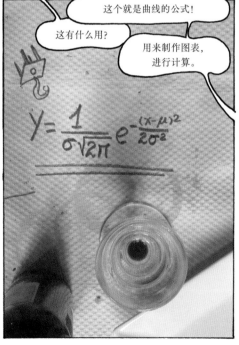

$$y = \frac{1}{\sigma\sqrt{2\pi}} e^{-\frac{(x-\mu)^2}{2\sigma^2}}$$

你看，比如说投掷了 n 次，在 99% 的情况下，实际比例和理论比例（1/6）之间的差值不会大于 $0.96 / \sqrt{n}$。

先生们，来一点餐后酒吗？

不了，谢谢，我们要走了。

0.96 这个数字是怎么来的？

其实，这个数值取决于精确程度，这张图表给出的是 99%，如果你只需要 98% 的精确度，那就不是 0.96，而是 0.61 了。

怎么回事?! 看看这只懒虫！

哎，我觉得它好像干得太累了。

我们现在得到什么数据了？

1000 次里投出 167 次。

嘿，这就是 16.7% 的概率！几乎就是 1/6！正好在 1000 次内。

嘿！且慢，别轻易下结论！

接着，还要看问题是怎么问的。

您支持政府降低石油价格的政策吗？

您支持政府管制交通的政策吗？

您支持政府发展公共交通的政策吗？

一个提问题的政府总比一个出问题的好。

而且人们也不一定诚实作答。

人们看到他们所看到的，知道他们所知道的，他们就有理由想他们所想。

我总是说不，为了让自己显得叛逆。

我呢，我总是说支持，谨慎一点没什么不好。

这个小姑娘真可爱。

是啊，但我也不会告诉她我要投给谁。

此外，还要注意样本基数的多少。

这话怎么说？

重要的选举常常势均力敌，候选人的票数越接近，就越难分上下。

假设两个候选人的得票率是 52% 比 48%，如果我们希望民意调查的准确率达到 90%，需要至少询问 1000 个人。

请问？

但是如果是 49% 比 51%，就需要询问 4100 个人。

算了吧！

不要对小蝴蝶太狠了！

那我的 15 欧呢?！

唉，你还真固执啊！听着，现在我们知道骰子是正常的，我建议你拿着这些钱重新下注。你赢了的话，我再多给你 15 欧。否则这 15 欧就是我的了。

狡猾的家伙！

好，但我先开始。

请你先开始！

两个 6！啊哈哈！

我觉得这下您出师不利啊。

游戏还没开始呢！

哦！

嗒！

哒！

13！

我赢了！

偶然真是充满了意外。

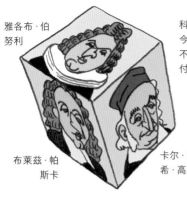

雅各布·伯努利

科学原理需要很长时间才可以被论证清楚。一些对于今人显而易见的理论，比如进化论，在一两百年前却不是这样的。概率论也不例外。很多伟大的数学家都付出了巨大的努力。

布莱兹·帕斯卡

卡尔·弗里德里希·高斯

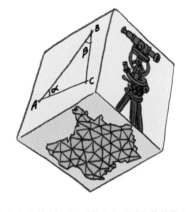

高斯对大地测量学很感兴趣：为了绘制地图，人们精确测量了 AB 之间的距离，并根据经纬仪测量 α 和 β 的角度，确定了 C 点的位置。人们从而得以推导出 AC 和 BC 的长度，经过反复测算，直到测量完一个国家。

当然了，有时也会出现测量偏差，高斯想知道这些偏差是否会叠加。他最终证明不会，因为一部分偏差互相抵消了：如果平均偏差是 e，n 次测量的偏差不会叠加变成 ne，而是 $\sqrt{n}\,e\sigma$，其中 σ 是一个概率变量。这就是中心极限定理。

这一切真美，但我还是有一点没想明白：如果我们回到过去，这本书在当年无法问世的概率非常大。然而，这本书却出版了。这该怎么解释呢？

那么这本书能够吸引到读者的概率又该怎么计算呢？

啊，你问得好。一起来看看！

小概率事件不会发生和大概率事件会发生，这两种说法的性质是完全不同的。

啊，小花花！我爱小花花！

你看，比如说蝴蝶采蜜，它完全随机地在 6 朵花上采 30 次蜜，每一种顺序都有一个很小的发生概率。既可能是 30 次都在同一朵花上，也可能是第 1 朵花，第 2 朵花，然后再第 1 朵，第 2 朵，第 1 朵，等等。

在大量事件的前提下，每一种情况发生的概率都很小，我们无法预测。

这对我来说可不是难题。

相反，如果你说蝴蝶在第 1 朵花上采蜜的次数小于 10 次，你就是拿一个发生概率为 99% 的事件与一个 1% 概率的事件做对比。

如果你为它下注，你就赢了。

哎?! 这是我的小花花！

这是我的！走开！

哈?! 好呀，我们来掰手腕决定吧！

没问题啊！

哎哟！你赌哪一只会赢?

啊，这个嘛，我们就回到了之前聊过的主观概率的概念。

我赌我们的小伙伴赢：它看上去意志坚定。

你一开始选择了一个对你而言更合理的概率，但随着逐渐接收到的信息，你会调整你的选择。

我要把你压扁！

来啊！

倒霉！我不该那么赌。

咦呀！

呃呜！

每一次当你选的一方赢了或输了，你都会根据结果修订你的概率。信息总会对概率产生影响。你知道吗?

51

别，小蝴蝶，我们可没问你的意见。无论如何，你又不喜欢巧克力！你喜欢的是那些烂水果和红薯叶子。

哼！这些东西都是毛毛虫喜欢吃的。

你看这多有趣：你心中认可的概率取决于你所获得的信息。对于你来说，刚开始的时候，83号门的概率只是1%，就和其他的门一样。而对于蝴蝶来说，它刚刚过来，不知道我们之前把门都打开的那些情况，所以自然而然地认为概率是50%。

我嘛，我喜欢花蜜。

对于你来说，现在你已经有所有的信息了，概率就变成了99%。

怎么会？

嘿，说真的，我还想再来点儿。

好好思考一下！如果你改成83号门，你会输吗？

会啊，如果47号门是正确的话。

也就是说，如果你最初的选择是正确的话，那么，有多大的概率你会改错门呢？

99%。

我明白了。

这对于三扇门来说也一样吗？

对啊！看，你一上来就有1/3的机会选到正确的门。如果选对了，之后再更改选择的话，你就会输，这是肯定的。

* 法语 quart mémère（1/4 奶奶），与 carménère（佳美娜）谐音。

*法文的"制片商"和"制造商"是同一个词 producteur。
** Roux-Combaluzier 是一家法国的电梯公司，于 1969 年与瑞士著名电器公司施耐德公司合并。

如果测试结果呈阳性，则可能有两个原因：要么植株是佳美娜，测试结果也正确；要么植株不是佳美娜，且测试结果有误。

这不一定。如果植株就是佳美娜，而且测试结果也正确，这些阳性结果就都是真的。这种情况产生的可能性为99%，鉴于有1000株佳美娜，那么就是990个结果。

然而，如果植株根本就不是佳美娜，而且测试结果有误，那就是一个假阳性的结果。这种情况出现的可能性为1%，因为有999000株不是佳美娜，那么就是9990个结果。

也就是说测试可能会对10980株葡萄树得出阳性结果，但其中只有990株植物，也就是9%的比例，确实是佳美娜。

说起来，你们知道亚伯拉罕·沃德*的轰炸机的故事吗？

不知道。

不知道。

让我来讲给你们听吧！

这个故事主要说明我们要充分认识我们所掌握的信息。故事发生在维也纳，时间介于奥匈帝国解体与德奥合并之间。

在那个时期，一位哲学教授，摩里兹·石里克，创办了一个论坛，这个论坛的成员之后成为了著名的维也纳学派。在论坛上，学者们对一切主题进行探讨：哲学、数学、物理、经济……最伟大的人物，比如爱因斯坦、维特根斯坦、哥德尔都曾参与其中。

还好吗，爱因斯坦？

相对不错，哥德尔。你呢？

绝对的不错。

摩里兹·石里克觉得这些哲学辩论是文字游戏，大多数问题都可以通过解释并澄清概念来解决。这场思想上的探索在 1936 年 6 月 22 日一个纳粹学生暗杀石里克之后，突然结束了。

嘭

那些在纳粹大屠杀前及时离开得以幸存的人之中就有亚伯拉罕·沃德，一位年轻的数学家，生于 1902 年，他已经对概率论和经济学原理颇有研究。

他逃亡到美国，并参加了战争。

您是数学家？

是的，上校。

您应该很擅长算术吧。

是的，上校。

*亚伯拉罕·沃德（Abraham Wald，1902—1950），罗马尼亚裔美国统计学家。

我们要给您一些照片，记录了执行任务归来的战斗机的损伤情况。您负责对每一处的损伤进行清点。

好的，上校。

这样我们可以知道需要强化哪里的装甲。

好的，上校。

沃尔德提交了他的结论：机翼、机身、尾翼布满了弹孔和碎片，然而驾驶舱和机尾却相对损伤较少。

太好了！显然，我们要强化损伤最严重的部分。

什么？

不，恰恰相反，将军。

如果这些飞机，尽管有损伤，但依然回到了基地，就说明这些损伤不那么要紧。最严重的问题出在我们检查不到的地方，因为这些损伤在那些没能飞回来的飞机上。

见鬼！我……您……我之前到底在想些什么？

军人们以为，那些最终回到基地的飞机是随机的。然而，完全不是这么一回事：事实上飞回来的飞机已经经历了筛选。

飞机受损的位置是随机的，然而他们只看到了幸存下来的飞机。

这就是人们所说的：统计数据偏差。这种情况常常出现：人们看到竞赛的获胜者，就以为他们代表了整个社会群体。

这在自然选择方面也一样：蝴蝶不是一直都像我这么美的。

也没这么爱吹牛？

你知道吗，这其实是一个很老的思想了。它在蒙田*的著作中就有所体现。

啊，是吗？

他描述的场景发生在古希腊。让我慢慢读给你听！

抒情诗人迪亚戈拉斯以无神论著称。他在萨莫色雷斯岛上的时候，在一个神庙里看到了海难幸存者的肖像和他们捐赠的大量还愿物。向他展示这一切的人对他说道：

看吧！您以为神明不关心人间世俗之事，那怎么解释这么多人因为神明的介入而获救了呢？

迪亚戈拉斯回答道：

但是因海难而淹死的人更多，没有人把他们画出来而已。

见鬼！我……您……我之前到底在想些什么？

实际上，我们的小伙伴看上去好多了。又多了一个幸存者……

是啊。看来你挺过了关键的昼夜**。

是佳美娜！

因此必须谨慎地处理数据。

对，人们可以利用数据一派胡言。

在全方面考虑一切因素并理解一切已经发生的事件之前，要避免草率地做出统计数据。

似乎65%的统计数据都是错的。

也包括现在的这个吗？

* 米歇尔·德·蒙田（Michel de Montaigne，1533—1592），文艺复兴时期法国著名哲学家，以《随笔集》三卷留名后世。
** nycthémère，医学术语，表示昼夜24小时，词尾与carménère（佳美娜）的词尾相近。

* 冯·米塞斯（Von Mises, 1881—1973），奥地利裔美国人，知名的经济学家、历史学家、哲学家和作家。
** 安德雷·柯尔莫哥洛夫（Andreï Kolmogorov, 1903—1987），俄国数学家，最为人称道的是对概率论公理化所做的贡献。

奥林匹斯山上发生了政局的变动：曾经统治众神的朱庇特被幸运女神福尔图娜取代了。

科技进步帮助福尔图娜获得了重要的权力，内行的观察家认为这一官方声明只不过是认可了一次政变。

嘿！这正是咱朋友筹备的。

今晚我们邀请到了诺贝尔物理学奖得主玛丽·居里女士。谢谢您的到来。

谢谢你们的邀请。

您对这一变动感到惊讶吗？

一点也不。自从我们发现一切材料都是由原子构成的之后，物理学已经遵从于偶然法则了。

您可以给我们举一个例子吗？

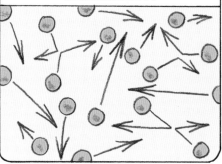

比如说，气体看上去像是均质的，然而实际上它是一间弹子房，分子们在里面各自反弹和碰撞。它内部的体系是混乱的，所以分子的位置和速度很快就变成随机的了。

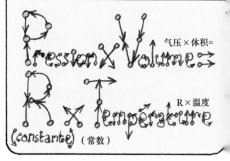

但随着中心极限定理的提出，由于分子的数量是数不胜数的，只有概率最高的分布才会得以实现，也从而能够被我们精确观测到，这就是那些符合理想气体运动法则的分布。

气压×体积=

R×温度

(constante) （常数）

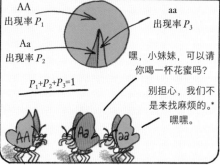

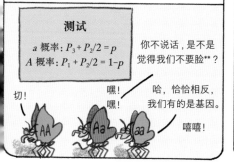

＊原文为"dans la gêne"，此处为双关用法，法语中 gêne（麻烦）一词与 gène（基因）十分相似。
＊＊原文为"sans-gêne"，含义为不知廉耻、不要脸，其中 gêne 与 gène（基因）相似。

这些不同的出现率让自然选择的法则有时间发挥作用。偶然性让变异有机会产生。如果变异是有益的，那么它就会逐渐扩散到整个群体，因为具有变异基因的成员比其他没有变异基因的成员更具优势。

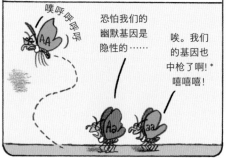

恐怕我们的幽默基因是隐性的……

噗呼呼呼呼

唉。我们的基因也中枪了啊! *嘻嘻嘻!

谢谢雅各布先生。马上进入股市行情。法国股指依然坚挺，但神圣股却遭受了奥林匹斯山政变的影响：即使上涨预期依然稳健，但股市的波动性显著加剧。

幸运女神这一次引起轰动了!

我没有完全明白：什么是股市的波动性?

波动性?

其实，第一个研究金融的数学家是法国人路易·巴舍利耶。他在 1900 年出版了著作《投机理论》。

是啊，但没什么人对这本书感兴趣……

投机理论

巴舍利耶发现，股市在一定时间内的波动并非与时间的长度呈正比，而是与时间长度的平方根呈正比。

5 年之后，爱因斯坦也有了相同的发现，但那是关于布朗运动的，他因此获得了诺贝尔奖。你们不恶心吗!

波动性，是概率的系数。股市波动是随机的，它的变化遵循着一个钟形的曲线，而波动性就表示这一曲线的扁平度。

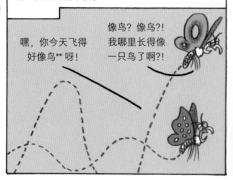

嘿，你今天飞得好像鸟** 呀!

像鸟? 像鸟?! 我哪里长得像一只鸟了啊?!

* 此处是一个文字游戏，原文为 "avoir du plomb dans l'allèle"，直译为 "等位基因中了一枪"，而法语俗语 "avoir du plomb dans l'aile"，意为 "丧失力量"，而其中 "aile"（翅膀）与 "allèle"（等位基因）一词相似。
** 原文为 "volatile"，意为 "鸟"，与 "volatilité"（波动性）一词同源。

打个比方，假设你持有两支股票，"花蜜"和"长生不老丸"，有人告诉你，这两支股票的回报率不变，但它们的波动性增加，这意味着风险加剧了。

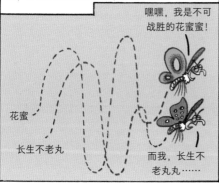

嘿嘿，我是不可战胜的花蜜蜜！

花蜜

长生不老丸

而我，长生不老丸丸……

这就好像是在一个猜硬币正反面的游戏中，每一次赢或输，结果都是翻倍的。你可以赢更多倍，同时也有可能输更多倍。

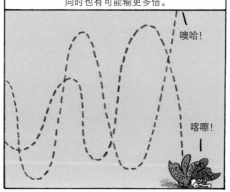

噢哈！

喀嚓！

我哪一支股票也不喜欢，谢谢了。

你想要一份甜点吗？

好啊！

我买了两块梨子馅饼。正好是吃梨子的季节。

啊呀，快看！全都爬满了黄蜂。

该死！我去拿杀虫剂来！

你说得对。嗯……那用苍蝇拍？

不用了，谢谢！

你会制造一场大屠杀的！

怎么办呢？

好好观察它们！我数了一下，一共有 30 只黄蜂。每隔一秒就有一只黄蜂随机地从一块馅饼移动到另一块上。

看来只能慢慢等着了。

总有某一刻，所有的黄蜂都在同一块馅饼上。到那时候，我们就可以吃另一块了。30 只黄蜂，不算很多。

当然了，总有某一时刻，所有的黄蜂都在同一块馅饼上。这种情况会出现无数次。但是等待这种情况出现的平均时间是 2^{30} 秒，也就是 34 年。

埃伦费斯特夫妇* 曾经用投票箱和小球做了一个模型，来演示偶然性的悖论。

我来给你演示一下。你看，我这里有一个密封的投票箱，有两个隔间。一边是真空的，另一边有 1 升的空气。

你来说说看，如果我把两个隔间之间的挡板拿掉，会发生什么？

不是，空气的分子会侵入真空的部分，并从一边交替着移动到另一边，就像在梨子馅饼上的黄蜂一样。

* 保罗·埃伦费斯特（Paul Ehrenfest，1880—1933），奥地利数学家、物理学家，1922 年取得荷兰国籍。

总会有一个时刻，所有的分子都聚集在箱子的同一侧。

那是在什么时刻？

一升的空气中有许许多多多的分子。大约为 6×10^{23} 个。

什么?!

幸好不是这么多黄蜂。

60000000000 00000000000000

即使分子移动的速度非常快，但是等待它们同时聚在箱子同一侧的时间甚至超过了宇宙的生命时长。

你这么搞，可成不了下一个大卫·科波菲尔* 啊。

也就是说，如果想要看到气体自发地压缩到一侧，需要一直等到世界毁灭。

啊，我嘛，我本人没什么好反对的……

历史学家以世纪为单位进行计算，天文学家以十亿年为单位计算，但数学家需要更多的时间。

但是，既然没有人能够等到那个时候去检验结果，我们可以说这个结论就是正确的吗？

数学其实是完全独立于物理而存在的。斯宾诺莎** 曾经说过，只有这样我们才能体验到永恒。

你觉得他说得有道理？

是的。

* 大卫·科波菲尔（David Copperfield，1956— ），美国新泽西州人，世界最著名的魔术师之一。
** 巴鲁赫·德·斯宾诺莎（Baruch de Spinoza，1632—1677），西方近代哲学史上重要的理性主义者，提出了泛神论和中立一元论，认为理性的本性在于在永恒的形势下考察事物。

勒克罗阿尔和埃克朗

拓展阅读

伊法尔·埃克朗推荐的三本书

《混沌》（*Le chaos*），伊法尔·埃克朗（Ivar Ekeland）著，苹果树（Le Pommier）出版社，2006 年。这本小书重新勾勒了混沌理论的发现过程，解释了该理论的原理以及它对科学界产生的影响：太阳系有可能是不稳定的，长期的天气预报是不准确的，每个人都可以随心所欲地制造让人联想到偶然性的小玩意，不论是物质的还是数码的。配方也很古老：这本书开篇先描绘了一个与随机运动相铰接的自动装置，最后以解代数方程式为结尾。

《偶然与必然》（*Le hasard et la nécessité*），雅克·莫诺德（Jacques Monod）著，界限（Le Seuil）出版社，1973 年。这本知名著作解释了生物学如何无休止地在偶然与必然这两极之间摇摆不定。达尔文的时代过去一个多世纪后，我们仍没有获得达尔文进化论所设想的所有结果：偶然是一个持续存在的引发变革的因素，而必然则召唤我们面对与生命做斗争的残酷现实。

《黑天鹅》（*Le cygne noir*），纳齐姆·N. 塔利布（Nassim N.Taleb）著，美字（Les Belles Lettres）出版社，2013 年。对于偶然的人性一面感兴趣，特别是对风险的概念感兴趣的读者，阅读纳齐姆·N. 塔利布的书将获得很实用的帮助，特别是其中最有名的这本《黑天鹅》。金融系统的大问题在于其有限的责任：银行拿客户的钱去冒险，而不用它们自己的，自然就鲜有谨慎的态度，这正体现了填补法律空白的重要性。

艾蒂安·勒克罗阿尔推荐的三本书

《香草还是巧克力》（*Vanille ou chocolat*），贾森·志贺（Jason Shiga）著，康布拉基斯（Cambourakis）出版社，2012年。这本漫画立足于多条分线叙事。你可以在每两页选择一次故事的走向，并尝试解救主角和人类。这是一个以漫画的方式体现偶然的影响力的完美范例。它采用了与电影相同的手法，比如阿伦·雷乃（Alain Resnais）的奇妙电影《吸烟/不吸烟》（*Smoking/No smoking*）。同时不得不提的还有克日什托夫·基耶斯洛夫斯基（Krzysztof Kieślowski）的一部电影，它的名字取得恰到好处：《偶然》（*Le hasard*），在这部电影中，他为主角提供了三种可能的命运。

期刊《犀牛战大象》（*Rhinocéros contre éléphants*），第Pi期，塔尼比斯（Tanibis）出版社，2006年。我们可以在这本期刊中读到有人尝试用漫画来解释数学问题，而不是用来讲故事。其中有一篇本·阿勒·拉宾（Ibn Al Rabin，乌巴波* 成员）的短篇漫画尤为特别，它讲述了围绕2的方根展开的一场调查。这是以漫画普及数学概念的一个典型例子。拉宾的很多作品都与数学和组合数学有关，最具代表性的有《动词的光辉与不幸》（*Splendeurs et misères du verbe*，社团（L'Association）出版社，2012年）、《被沮丧慢慢压扁》（*Lentement aplati par la consternation*，黑胆汁（Atrabile）出版社，2013年）。

《无限的游戏》（*Jeux avec l'infini*），罗饶·彼得（Rózsa Péter）著，乔治·葛西（Georges Kassai）译，收录于"尖端科学"系列，界限（Le Seuil）出版社，2014年。托赛德里克·维拉尼的福，我最近非常开心地发现了匈牙利数学家罗饶·彼得的这本科普著作。它很适合像我这样想要玩弄数学但毕业后就把它忘得一干二净的人，也适合那些自认为一直被数学抛弃的人，或想要加固和完善数学知识的人。事实上，它适合所有人。

---

* 乌巴波（Oubapo），潜在漫画工场（Ouvroir de bande dessinée potentielle）的简称，类似于文学界的乌力波（Oulipo，潜在文学工场），试图通过自我设定一些限制规则来开拓艺术创作的边界。

后浪漫《图文小百科》系列：

欢迎关注后浪漫微信公众号：hinabookbd
欢迎漫画编剧（创意、故事）、绘手、翻译投稿
manhua@hinabook.com

筹划出版 ｜ 银杏树下

出版统筹 ｜ 吴兴元
责任编辑 ｜ 周　春
特约编辑 ｜ 蒋潇潇
装帧制造 ｜ 墨白空间·曾艺豪 ｜ mobai@hinabook.com
后浪微博 ｜ @ 后浪图书
读者服务 ｜ reader@hinabook.com 188-1142-1266
投稿服务 ｜ onebook@hinabook.com 133-6631-2326
直销服务 ｜ buy@hinabook.com 133-6657-3072

后浪出版咨询（北京）有限责任公司
POST WAVE PUBLISHING CONSULTING (BEIJING) CO.,LTD